Helmut Zöpfl
Das kleine Glück

Ein Band der Reihe
»Rosenheimer Raritäten«

Sigi Sommer gewidmet

rosenheimer raritäten

Helmut Zöpfl

Das kleine Glück

Mit Illustrationen von
Helmuth Huth

Rosenheimer

Inhalt

Glück

's Glück is was ganz was Bsonders:
Ma kann's herschenkn, ohne daß ma's selber hat.

's Glück is wiara Bruin:
Ma suacht's und hat's auf der Nasn.

Glück is: wissen, was ma alles net braucht.

’s kloane Glück

Wenn’s des überhaupt gibt da herübn,
dann ist, was ma Glück nennt, doch ziemlich verschiedn:
a teure Goldbrosch vom Juwelier,
a zünftige Brotzeit und a kloans Haferl Bier,
a warmer Ofn, wenn’s draußn kalt is und nasselt,
no liegnbleibn derfa, wenn der Wecker scho rasselt,
a schattiger Baum, wenn d’ Sonna recht brennt,
a pfundiger Krimi, wo ma an Mörder net kennt,
an Schuah ausziagn könna, wenn er recht druckt,
se kratzn derfa, wenn’s oan grad juckt.
Mit am Madl, des ma gern hat, auf der Anlagbank sitzn,
se ausruahn könna vom Arbadn und Schwitzn,
d’ Maschin beim Wattn und ausgschafft werdn,
im Radio a scheene Musi ohörn,
a Steuerrückzahlung ganz unverhofft kriagn,
oder plötzlich koa Zahnweh mehr spürn,
a Gnadendreier no im Latein,
der grad no rett’ vorm Sitznbleibn;
wenn ma was Verlornes halt doch wieder findt,
wenn »Bayern« recht hoch im Fußball gwinnt.
Des alles, des is von dem ganz großn Glück,
des ma nia so recht habn ko, a ganz a kloans Stück.

Wiavui Scheens . . .

Wiavui Scheens daad's gebn,
des ma nia net erlebn,
weil ma oft de ganz Zeit
bloß suachn recht weit
und woaß Gott wo weg
an irgendam Fleck!

Wiavui Freud werd zertretn,
weil ma 's Nächste net sehn,
weil ma schaugn bloß in d' Höh,
statt daß in der Näh,
was direkt vor uns liegt,
ma öfter mal siegt.

Urlaub ist:

So lang ma Lust hat, ausschlafn könna,
net oiwei bloß der Uhrzeit nachrenna;
Zeit habn für alls, zum richtig Verdaun,
as Fleißigsei als Laster oschaun.
Über Leut, de arbadn, schadnfroh lacha,
bloß des, was ma gern duad, wirkli aa macha.
Gehn und wandern ohne fests Zui,
as Lebn wieder mehra oschaugn als Spui.
Beim Trinkn oder beim Schmankerl-Eßn
auf d' Kalorientafel vergeßn.
Net nachdenka müaßn, sondern einfach bloß traama
und trotzdem dabei mit si selber aufraama.
Net müaßn und solln bloß allewei,
sondern frei sei könna, i-selber-sei.
Se auftankn könna für längere Zeit,
bis dann in am Jahr is wieder soweit.

Verliabt

Weil i bei allem an di bloß denk
und jetzt rote Rosn herschenk,
weil i bei deim Anruf a Herzklopfa spür
und statt »ich« jetzt öfter sag »wir«.
Weil i bei allm, was i sieg oder hör,
an di bloß alloa no erinnert wer',
weil beim spannendsten Krimi grad mittndrin
du plötzli gehst nimmer naus aus meim Sinn.
Weil beim Essn auf Kalorien i acht
und ohne di 's Furtgeh koa Freud mir mehr macht,
weil i, wennst da bist, bloß in oaner Tour
oiwei aufhaltn möcht de Zoager der Uhr.
Weil der graueste Regntag bunt werd auf der Stell,
wenn dei Nama mir eifallt plötzlich ganz schnell.
Und weil i am liabstn mir d' Zeit jetzt vertreib,
daß i Verserl wia solche seit neuem aufschreib:
Drum merk i's ganz gwiß jede Stund, jedn Tag,
wia verliabt daß i bin und wia gern i di mag.

’s Glück

Jeda nennt’s,
koana kennt’s
’s Glück.

Neamd, der’s halt,
und es fallt
jedn Augnblick.

Nix, was steht,
alls vergeht,
koa Z’rück.

Oiwei ziagt
und verfliagt
’s Glück.

Vom Glück

Glück, des is des, was ma meistens net siegt,
weil's uns zu nah vor de Augn oft liegt.
Fast wia mit a Bruin verhaltse se grad,
de ma suacht, wenn mas drobn auf der Nasn doch hat.
Aus Unscheinbarkeiten, wiara bunts Mosaik,
aus ganz kloane Freudn setzt se zsamma as Glück.
A Bekanntschaft, a nette, wo ma guat se versteht,
a Bsuach, a liaber, der aa wieder geht;
a zünftige Gesellschaft, wo ma froh is und lacht,
a Baam, der in Blüah steht, a sternklare Nacht;
»alle neune« beim Kegeln und a »Kranz« no dazua,
a Spaziergang im Wald draus scho ganz in der Fruah;
a Schluck aus am Brunna, der wo oam erfrischt,
a Zug, den ma grad no vorm Wegfahrn derwischt;
a Schmankerl, des wo ma unverhofft kriagt,
wenn de Sonn wieder scheint, weil's de Wolkn verziagt;
a Lächeln, a Dankscheen, a freundlicher Blick
– des alls, des kann sei so a Tupfer vom Glück.
Doch merkt ma's, wenn's da is, im Augenblick kaum,
ma spannt's erst danach beim In-Rückspiegel-Schaun.

Ganz einfach

De Sonn aufsteign sehn
ausm Finstern der Nacht,
durchn Tau barfuaß gehn,
wenn der Tag grad aufwacht,

Derlebn, wia im Früahjahr
se alls wieder rüahrt
und de Welt jedn Tag
lebendiger wird,

An am Bach dort sitzn
und d' Füaß hänga nei,
'n Wasser nachschaugn
und traama dabei,

Auf Schwammerljagd gehn
im Wald in der Fruah
und Brotzeit dann macha
ganz gmüatli in Ruah,

Am Kind, am kloana,
zuaschaugn, wia's spuit,
wia eahm aa des Kloanste
als was Bsonders no guit,

Des alls, des kost wirkli
überhaupts gar koa Geld
und bringt doch vui Liacht
und vui Freud in de Welt.

Das Kraftwort

Bal a Sportler aufm Zahnfleisch scho lauft,
bal oana beim Bergsteign wiara Dampflok scho schnauft
und er glaubt, daß er's einfach nimmer ganz schafft,
weil eahm kurz vorm Zui grad ausgeht sei Kraft,
wenn's oan draußn aufm Oktoberfest
beim Lukasschlagn fehlt bis auf an Rest,
daß er'n net aufebringt soweit, bis' kracht,
wenn oana den neunzehnten Klimmzug grad macht,
und er's gern auf zwanzge bringa möcht,
wenn oana scho moant, es geht nimmer recht,
es fehlt bloß no a Zipferl, a Batzerl a kloans,
a Tüpferl, a Bröckerl, na huift dir grad oans:
Oa Wörterl gibt's, wennst as laut gnua bloß schreist,
des weckt bei uns Bayern an besonderen Geist.
Da spürst as in dir, und es wachst dir a Schmalz,
es gibt dir an Riß, an Ruck und dann knallt's.
Da brauchst koane Spritzn, koan Dopingskandal,
des Wörterl alloa wirkt phänomenal.
Es is wia vom Zauberwasserl a Schluck.
Des Wort, des i moan, hoaßt einfach H a u r u c k.

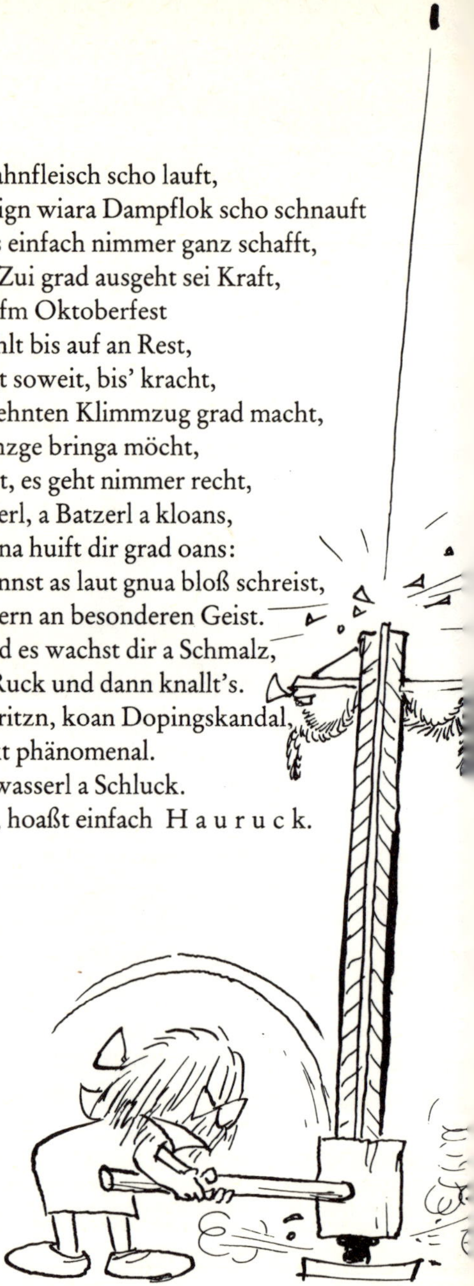

I wünsch dir was . . .

Bei jeder Post aa an Briaf, der di gfreut,
an netten Anruf zur richtign Zeit,
daß oft dei Verein beim Fuaßballspui gwinnt
und daß bloß dei guats Horoskop oiwei stimmt,
an zünftigen Einfall fürs Gäste-Buach-Schreibn,
daß all deine Wünsche net Wünsche bloß bleibn,
daßd oiwei so jung bist, so jung wiast di fuist,
und daß de net ärgerst, wennst beim Schafkopf verspuist.
Vui Stoapuiz beim Schwammerlsuacha im Wald,
a Auterl, des ospringt, is aa no aso kalt,
a Bankerl zum Ausruahn, wennst bist amal müad,
daß alls in deim Gartn aufgeht und blüaht,
daß allerwei wieder aufwärts halt geht,
an Wind, der die grauen Wolken verweht.
A greane Ampel, wenn's dir pressiert,
daß di 's Lebn oiwei gfreut, was aa oiwei passiert,
daßd ja zu dir selber und andere sagst
und daßd net ständig dei Schicksal beklagst.
Scheens Wetter im Urlaub, Erholung und Ruah,
a Stimmung a guate, aa am Montag scho fruah,

an Zehner beim Schiaßn, beim Kegln an Kranz,
a vierblattrigs Kleeblattl, koan Korb bei am Tanz.
A nettes Programm, wennst mal 's Fernsehn einschaltst,
a zünftige Gesellschaft, wost di guat unterhaltst,
a gmüatliche Brotzeit an am gmüatlichen Fleck,
an scheenen Spaziergang auf am ganz staadn Weg,
daßd jeden Tag von Herzen mal lachst
und daßd net zwengs allem glei Sorgn dir machst.
Verständnis für di von de andern Leut,
a versöhnendes Wort, des du findst bei am Streit.
An bisserl an Schattn, wenn d' Sonna recht brennt,
an Rengnschirm, wenn's grad amal Schuasterbuam regnt.
A liaber Bsuach, der aa wieder geht,
a Bekanntschaft, a nette, de bayrisch versteht.
Oan Pfenning mehra oiwei, wiast brauchst,
und daßd dir beim Schifahrn dein Fuaß net verstauchst.
Daß ma hin und wieder dei Leibspeis serviert,
a spannendes Buach, in dem se was rührt,

daßd vor lauter Bäum an Wald no erkennst,
daßd di aa net bei der Arbad derrennst,
daß der Radio oft dei Lieblingslied spuit,
mit mir und de andern a bisserl Geduid.
Wenn's dir langweilig wern daad, vui Fantasie,
daß di alle so liab findn wia i,
daß du mit nette Leut zammawohnst,
daßd vui no erlebst, wost Dankscheen sagn konnst.
Daßd bei allem Schlimmen an Ausweg entdeckst
und daßd mit deim Frohsinn vui Menschen osteckst.
Unter de Füaß allerwei no an Grund
und oft in deim Lebn a Minutn, a Stund,
da wost dir denkst, mei Gott, is des schee,
Zeit, dua ma oan Gfalln, geh weiter, bleib steh.
Vui Freund für di genau von deim Schlag,
daßd nia vergißt, wia gern i di mag;
daß mir Freund bleibn so guate, wünsch i z'letzt dir,
des wünsch aber bsonders von dir aa i mir.

Was zum Lachen

Es gibt nix Gsünders,
wia daß ma se manchmal richtig krank lacht.

Liaber a Plattn wia gar koane Haar.

Liaber Schuldn wia gar koa Geld.

Gute Beziehungen

(nach einer Idee von E. Kishon)

»Kennst du an Herrn Hingerl?« hat der Schwankl mi gfragt.
»Na, wiaso an Herrn Hingerl!« hab i ganz erstaunt gsagt.
»Weil, woaßt as, der Hingerl, des waar halt der sell,
wenn der unterschreibn daad, gaang dei Sach gwiß ganz schnell.«
Und weil mir dro glegn is, daß d' Sach kimmt zum End,
hab an Schwankl i gfragt, ob an Hingerl er kennt.
»Net direkt persönlich, doch der Dings, no der Seitz,
der kenntn recht guat von früahra bereits.«
»Ja bloß kenn i leider aa net den Herrn,
doch lernat ihn kennen, wenn's gaangat, recht gern.«
»An Seitz?« moant der Schwankl, »des is net so schwer,
den kenn i indirekt von irgendwoher.
Mei Schwager, du woaßt scho, der Mo meiner Frau,
der hat an Bekanntn, der arbad am Bau . . .«
»Ah so«, hab gsagt i, »des is na der Seitz?«
»Na, na«, moant der Schwankl, »aber fast scho bereits.
Der sell hat a Schwester, de geht mit am Herrn,
der wohnt bei de Haberls draußn in Gern,
und dem Haberl sei Onkel, der stammt aus der Schweiz.«

»Und des«, hab i gfragt, »is nacha der Seitz?«
»Na, na«, moant der Schwankl, »na, na doch, aa wo,
der Onkel, der arbad bloß in am Büro,
des wo am Vetter vom Irlinger ghört,
und vom Irlinger hoaßt's, daß er Vorstand bald werd
vom Fuaßballverein vom ›F. C. Abseits‹,
und der Torwart davo . . .« »Des is nacha der Seitz?«
»Na, am Torwart sei Muatter – jetzt habn'mas na glei –
bei dera da kauft mei Frau oiwei ei.
Und der Mo meiner Frau – so, jetzt habn'mas bereits . . .«
»Des is«, hab i gfragt, »also endli der Seitz?«
»Der Mo meiner Frau?« moant der, »Kreuzsaxndi,
na, na, Herrschaftseitn, des waar ja glatt i.
Jetzt hast mi doch ganz«, hat im Weggeh er glacht,
»mit der Seitz-Fragerei durchananderglei bracht.«
I steh ganz verdattert, 's verschlagt ma fast d' Sprach.
»Sag, wia komm i an Seitz hi?« schrei i eahm no nach.
»An Seitz?« moant der Schwankl und schwenkt mit seim
Huat:
»Versuach's übern Hingerl, der kenntn recht guat!«

Wia der Vater

Der Willi geht in d' erste Klaß
in d' Volksschui an der Türkenstraß.
Beim Sprechabnd von der Lehrerin
is 's erstmal heut sei Muatter drin.
Ganz aufgregt fragts, wia's eahm so geht
und wia's um ihren Willi steht.
»Geht scho«, moant d' Lehrerin, »ja mei,
im Lesn kannt er besser sei;
ganz guat, was 's Rechnen anbetrifft,
a wengerl hapert's an der Schrift.
Doch oans«, moants, »muaß ma bsonders lobn,
i kann's Eahna net anders sagn,
der Willi gibt in seim Betragn
mir net den kloansten Grund zum klagn.
Ihr Sohn, des is ganz ohne Gspaß,
der bravste Bua in meiner Klaß.«
»Des gfreut mi«, moant de Muatter, »no,
des hat der Willi von meim Mo,
weil er zwengs guater Führung gwiß
entlaßn worn fast jedsmal is.«

Lob der Arbeit

Der Müh und Arbeit gilt mein Preis:
Was wär das Leben ohne Fleiß?
Wie wär es ohne Sinn und leer,
wenn's nicht erfüllt von Arbeit wär.
Drum lerne es schon jedes Kind,
daß das »Sich-Regen« Segen bringt.
Und tut beizeiten allen kund:
Die Morgenstund hat Gold im Mund.
Wohl jenem Staat, wo jeder weiß,
daß ohne Fleiß man keinen Preis
erringen kann und ganz gewiß
nur Arbeit macht das Leben süß.
Bloß oans, des find i leider schad,
daß i des Süaße net vertrag.
Hoch, hoch de Arbeit also drum,
so hoch, daß i net hi mehr kumm.

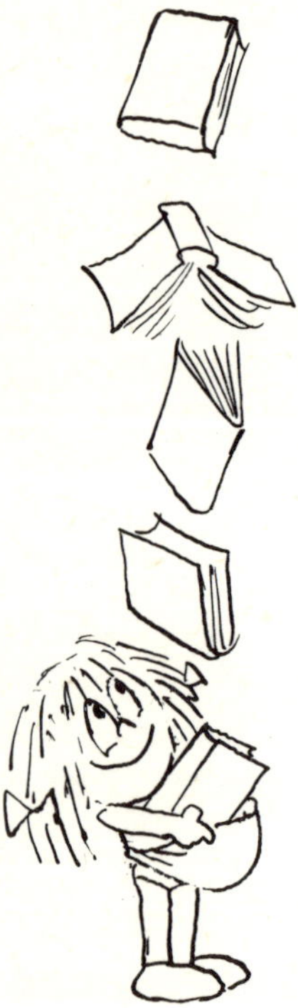

Bildung

Im Lotto hat de Huaberin
mit ihram Tip an Hauptgewinn.
Erst richt'se se ihr Wohnung ei,
de oide, jetza völlig neu.
Ganz neue Teppich, Schränk und Stui,
und, weils jetzt aa wer sei halt wui,
wird aa für d' Bildung schnell was do,
drum ruafts im Büachergschäft drübn o:
»I hätt a neue Büacherwand,
da bräuchat i halt allerhand:
Zwoa Meter Goethe, Schiller, Brecht,
da Hemadwei waar aa net schlecht.
Von jedm halt, den ma so kennt,
schickans ma einfach a paar Bänd.
Und dazua, deanses net vergeßn,
schickans ma Büacher aa zum Lesn!«

’s Fräulein Lehrerin

Der Toni hat a Lehrerin
scho lang als Gspusi ghabt.
Wias neuli san beim Tanzn gwen,
da hats ’n wieder gfragt:
»Sag amal, Toni, sag, wia’s is,
i möcht jetzt von dir hörn,
sag’s ehrlich, is des aa ganz gwiß,
hast du mi wirklich gern?«
Er druckt ihr bloß a Bußl nauf
und sagt: »Natürli, Schatz!«
Da drohts eahm mitm Finger drauf:
»Komm, sprich an ganzn Satz!«

Mißverständnis

»Oans«, hat der Bauer gmoant, »findt i net guat.
Da hoaßt's, daß unseroans z'wenig oft duat
und daß ma vui aktiver sei kannt
mit der Technisierung bei uns aufm Land.
Aa d' Wasserkraft werad ausgnutzt net gscheit,
habns uns in am Vortrag wo gsagt seinerzeit.
Des hat ma guat eigleucht, i denk mir so so
und dua, was' ma gsagt habn . . . und scho bin i dro.
Denn bis i recht gschaugt hab, bin i doch jetz
mit dene eahrn Schmarrn im Konflikt mitm Gsetz.
Dabei hab i gar nix anders entdeckt,
als wia daß ma d' Muich mit der Wasserkraft streckt.«

Die Glückszahl

»Du woaßt doch«, hat mei Freund erzählt,
»daß i um viere früah auf d' Welt
am viertn viertn kemma bin
und daß i in am Haus jetzt drin
auf Nummer viere lang scho wohn
ganz obn im viertn Stockwerk drobn.
Am viertn aa habn gheirat mir,
und Kinder habn'ma aa jetzt vier.
Jetzt stell dir vor, durch Zufall bin
i neulich naus amal nach Riem.
I denk mir: »Is ja wurscht, jetzt wettst«
und hab vier Mark auf des Roß gsetzt,
des wo de Nummer vier hat ghabt . . .
»Ja und«, frag i, »wia hat's dann klappt?
Gwiß war des Roß als ersts dann vorn?«
»Aa wo«, sagt er, »'s is vierter worn!«

Baumwollsocken

Der Rentner Alois Siebenzahn
schleicht nei zum Psychiater Schwan.
»Was kann ich tun für Sie?« moant der,
»Legn Sie sich auf die Couch da her!«
»Oh mei«, sagt der, »Herr Psychopath,
mei Anliegn, des is delikat.
I woaß net, ob i's sagn mir trau.
Wissens, mi schickt halt her mei Frau,
der waar's aso am Herzn glegn.«
Er druckt und stottert rum a weng.
»Nur guten Mutes, lieber Mann!«
ermuntertn der Dr. Schwan.
»Nur frei gesprochen, bitte ja.

Dafür bin ich ja schließlich da!«
»Mei«, moant der, »weil Sie so nett fragn,
werd i's eahna ins Ohr nei sagn:
I mag«, so sagt er, kaum zum hörn,
»halt Baumwollsocken so vui gern.«
»Ja, nun«, moant drauf der Dr. Schwan,
»da ist doch nichts Besondres dran.
Ich finde das nicht sonderbar,
die mag auch ich sehr gern sogar!«
»Sie aa?« gfreut se der Siebenzahn
und klopft auf d' Schulter glei am Schwan.
»Dann sagns ma, mögn Sies aa wia i
mit Schnittlauch, Senf und Sellerie?«

Lauf der Welt

»Sie, kommans amal her, Herr Wirt«,
so schimpft a Gast ganz konsterniert,
»schaugns mal bei mir ins Teller da!
Was sengs 'n in der Suppn, ha?
Soll i vielleicht koa Wuat da kriagn,
da schwimmt doch glatt a tote Fliagn!«
»Mei«, moant der, »sans doch über des
net gar so traurig und nervös,
regns eahna doch da net so auf,
des is halt mal der Welt ihr Lauf.
Ob Fliagn, ob Mensch, in jedem Fall
sterbn müaß'ma alle wann amal.«

Schönes Wetter

»Jeds Jahr habn mir zur Urlaubszeit
des gleiche Pech, desselbe Leid:
Wo mir aa hifahrn oiwei wieder,
des Wetter is a jedsmal zwider.
Mir kemma, is des net a Graus,
koan Tag fast ohne Regnschirm aus.«
»Des duat ma leid, des is ja schad.
Da wissat i an guatn Rat.
Wennst des machst, dann is alles gricht,
fahr doch des Jahr einfach nach Sicht.«
»Nach Sicht? Des is mir völlig neu.
Wo sollt'n des dann nacha sei?«
»Wo's is, des woaß i aa net gscheit.
Bloß hört ma doch in letzter Zeit
im Fernsehn bei dem Wetterb'richt
so oft: ›Schön Wetter is in Sicht.‹«

Das Krokodil

An Psychiater hat verwirrt
de Witwe Moser konsultiert:
»Jedsmal, wenn i ins Bett geh wui,
sieg drunter i a Krokodui
mit gräuslich rote Teufelsaugn
ganz gierig zu mir aufeschaugn.
I trau mir wirklich net alloa
ins Bett mehr geh, was soll i doa?«

»Der Fall is für mi sonnenklar«,
moant der, »des is net allzu schwaar:
Bevors am Abnd ins Bett jetzt gehn,
bleibns ruhig erst a Zeitlang stehn
und sagn dann zehnmal bloß sovui:
›Im Zimmer liegt koa Krokodui‹.
Und nach a Woch, da kommans fei
bei mir dann nochamal vorbei!«
Und richtig, nacha Woch kimmts o:
Der Doktor fragt, wia's geht jetzt so.
»Bis jetzt hat's gnutzt«, moants, »gar nix net,
no liegt des Viech abnds unterm Bett.«
Der hat a bißl nachstudiert
und stärker dann 's Rezept dosiert.
»Sagns 's nächstmal doppelt mal so vui:
›Im Zimmer is koa Krokodui‹.
Und net vergeßn, was i sag,
kommens vorbei dann in acht Tag
bei mir dann wieder, sans so guat,
na wern'ma seng scho, was se duat.«
Als' aber nach zwoa Woch no net
is kemma, hat er gschaugt, wia's steht.
Er hat an ihra Wohnung gläut.
Weil neamad aufmacht nach a Zeit,
hat nomal klingelt er danebn:
»I hätt zur Witwe Moser mögn!«
hat er zur Nachbarsfrau dann gsagt.
»Zur Witwe Moser?« hat de gfragt,
und hattn ogschaugt drauf ganz groß:
»Ja wissens net, was da war los?
De hat des Krokodui doch gfreßn,
des unter ihram Bett is gwesn!«

Der neue Trix

»Hab ghört, du hast a Rösserl kauft,
des wo jetzt oiwei Rennats lauft?«
»An Sultan moanst, des stimmt jaja.
Da wundertst de net schlecht jetzt, ha?
A Sonderangebot is gwen.
Drum hab i zuapackt schnell deswegn.
Der jüngste is er halt net mehr,
drum is er billig ganga her.«
»Und wenn er jetzat Rennats macht,
hat er da scho an Preis hoambracht?«
»Da Sultan? Mei, mit zwanzg Jahr, gell,
da is er halt net mehr so schnell,
da war's natürli bis jetzt nix.
Doch hab i jetzt an bsondern Trix,
scho seit vier Wocha – streng geheim
und ganz vertraulich muaß des bleibn:
Vor jedm Start kriagt er von mir
jetzt oiwei zerst vier Liter Bier,
zehn Stamperl Schnaps, an Enzian
und drauf a Flaschn Sekt no dann.
Und des Rezept, des schwör da i,
haut hundertfuchzgprozentig hi.«
»Du moanst, des nutzat dann so vui,
daß er als schnellster is am Zui?«
»Am Zui der Schnellste, koa Idee.
Aber am Start der Lustigste!«

’s Gspenst im Schrank

Wia der Vertreter Ungenau
kimmt stoamüad zruck nach Loam,
schreit eahm sei Bua zua: »Papa schau,
mir habn a Gspenst dahoam!«
»A Gspenst, des gibt’s net, merk da des«,
hat drauf der Vater glacht.
Und d’ Mutter hat a weng nervös
bloß »psst« zu eahm hi gmacht.
»Doch, Papa, drinn im Schrank is’, gwiß«,
besteht der Kloane drauf.
»Guat«, moant der, »daß a Ruah halt is!«
und macht de Schranktür auf.
Da steht drin mit am Bettuach rum
sei bester Freund, der Jo.
Der Ungnau schaugtn o zerst stumm,
dann fahrt ern aber o:
»I daad mi schama, gibt’s des aa,
was hab i do für di!
Jetzt kenn’ma uns scho fast zwanzg Jahr,
und du hast bloß durch mi
de Stellung kriagt in dem Büro,
aa Geld hab i dir gschenkt,
und jetzt duast du mir sowas o!
Wer hätt denn des bloß denkt?
I dua dir Guats grad allerwei,
und du, du gscherte Ruabn,
stellst de bei uns im Schrank da nei
und schreckst als Gspenst mein Buabn.«

Das Klassentreffen

Am Straßenrand steht a alter Mo
und fragt mi, ob er mitfahrn ko.
»Wohin denn«, sag i drauf zu eahm,
»wohin wolln Sie denn hingfahrn wern?«
»Fahrns oiwei gradaus auf der Straß,
im nächstn Ort trifft se mei Klaß!«
»A Klaßntreffn«, frag i dann,
»ja sagns amal, wia alt Sie san?«
Er drauf, als wenn's 'n wundern daad:
»I bin jetzt vieraneunzge grad.«
»Ja, sowas«, sag i, »gibt's des aa?
Sagns, wiavui san denn da no da?«
»Oh mei«, sagt er, »der Kreis is kloa,
de letztn Jahr war i alloa!«

Schönheitsfarm

»Du kennst doch«, hat der Hingerl gsagt,
»mei Eheweib, mei Frau?«
»Dei Frau?« sag i; »natürli, ja,
de kenn i sehr genau.«
»Naja« moant der, »na woaßt ja, gell,
de scheenste is' halt net.«
»Mei«, gib i diplomatisch mi,
»so schlimm is net; es geht.«
»Und außerdem«, so fahrt er fort,
»kimmts langsam in de Jahr,
daß' mal, so hat sie selber gmoant,
es gar net 's Dümmste waar,
wenn ma da mal was unternahm
und für sei Aussehn daad.
I denk mir, schlimmer kanns net wern,
wias bis jetzt ausgschaut hat.
Da geht sie glatt doch für a Kur in a Kosmetikfarm.
Du kannst dir vorstelln, was des kost',
de machan oan doch arm.
Vier Wochn is' da drinna gwen,
vier Wochn ganz genau.«
»Ja und?«, sag i, »hat's gnutzt dann was?
Wia schaugts jetzt aus, dei Frau?«
»Mei«, moant der Hingerl, »ehrlich gsagt,
ausschaugn duats anders scho:
vorher als wiara alte Frau,
jetzt wiara alter Mo!«

Menschen und Leut

Der Mensch waar scho guat,
der Mensch waar scho recht,
bloß d' Leut san halt leider oft schlecht.

Jeder Mensch is aa bloß a Mensch.

Ma muaß öfter von am Menschen weggeh, damit man findt.

Alle Menschen müaßn sterbn, vielleicht sogar i.

Selbstgespräche

»Oh mei«, hat er gmoant der sell,
»am liebsten halt i a Selbstgespräch, gell.
Denn, wann i red mit mir bloß alloa,
dann«, so hat er gsagt, »bringt des Vorteil glei zwoa:
Ernstns – des leucht ei doch am jedn –
hör i recht gern an gscheitn Mo redn;
und zwoatns red i selber aa gern
mit so am gebildetn Herrn.«

Egoisten

»Mei«, hat er gsagt, »de Zeitn san schwer,
und d' Leut«, hat er gsagt, »taugn aa nix mehr.
Egoistisch, wias san, denkans ganz alloa no
an nix anders als wia an si selber grad dro.«
»Bloß«, hat er gsagt, »i bin net wia sie,
denn i«, hat er gmoant, »i denk oiwei an mi.«

Bloß im Prinzip . . .

De Gmüasfrau Magdalena Kroh
– i glaub, ihr kenntses sicher scho –
de kennt, i woaß net gscheit woher,
des Neueste, was kreuz und quer

bei uns se duat und was passiert;
de woaß Bescheid, is informiert.
Bloß oan kloan Fehler hat de Frau:
Sie woaß net alls so ganz genau.
Ganz aufgregt hats mir 's letztmal gsagt:
»Sie kennen doch« – so hats mi gfragt –
»im drittn Stock im Nebenhaus
den Ölvertreter an Herrn Knaus?
Der hat beim Schafkopfn als Preis
a Auto gwunna, an Rolls Royce«.
Wia ja scho gsagt, de guate Frau
woaß nix so richtig ganz genau.
Es hat se aa, was' mir erzählt,
fast richtig im Prinzip rausgstellt.
Bloß war es net im Nebenhaus
der Ölvertreter, der Herr Knaus,
sondern im Rückgebäud Stock drei
der Gasableser, der Herr Brei;
des hoaßt, aa net der Brei is gwen,
sondern sei Schwager, der Herr Schön.
Und dann war's net beim Schafkopf aa,
sondern bei ara Tombola
am Gartenfest von dem Verein
der Kegelfreunde »Jennerwein«.
Dann von am Auterl gar koa Spur,
es war a einfachs Radl nur,
a einfachs Radl und net mehr;
aa 's Gwinna stimmt bloß ungefähr,
genauer gsagt, habns, bis er gschaut,
eam dort as Radl wegaklaut.
Sonst aber war's genau aso,
wia's mir erzählt hat de Frau Kroh.

Unterschied

»Der Unterschied zwischen am Mensch«,
hat er gsagt, »und am Viecherl is gwiß,
daß a Viecherl net woaß,
daß' a Viecherl is.«
»A Mensch aber«, hat er gsagt,
»a Mensch, der woaß,
daß a Mensch er is
und daß er ›Mensch‹ hoaßt.
Wenn aber zum Beispiel
a Viecherl des wüßt,
daß es ›Viecherl‹ se schreibt,
daß a Viecherl es ist,
dann«, hat er gmoant,
»waar's mögli sogar,
daß des Viecherl am End
a Mensch no glatt waar.«

Verdacht

Wenn i bloß wüßt, wo mei Geldbeutl is!
Grad hab i'n no ghabt, des woaß i ganz gwiß.
Bestimmt war er dortn glegn grad no
am Schreibtisch droben irgendwo.
Den hat mir wer gnomma, des is mir scho klar,
und i kann mir aa denka, wer des nacha war:
Der Irlinger war's, ma merkt's eahm glei o,
der war ja heut oiwei herin im Büro!
Na stimmt's also doch, was d' Leut sagn oiwei,
mitm Irlinger müaßat ma vorsichtig sei.
Ja, ja schaug bloß hi, na siegst as genau:
sei Nasn, sei Mund, seine Augn, sei ganz Gschau!
Und wiara schee freundli de meiste Zeit duat –
dabei siegt a Blinder, daß er oiwei bloß lurt,
und daß er bloß schnuffet, ob er net no was faand,
des was er se hoamli krampfen no kannt.
Dazua merkt mas eahm o aa ganz deutli am Gred,
bestimmt is er aa koa Hiesiger net.
Und sei Frau, hoaßt's, de kaam recht zammputzt daher,
aber wenn der so zu seim Geld kimmt, is des freili net schwer.
Wiara lacht, wiara steht, was er macht, wiara geht,
was er duat, wiara duckt, wiara lurt und se buckt:
Ma kann's drahn oder wendn, so wia ma aa mag,
an Diab siegst eahm o ganz genau ohne Frag!
»Was moanas, Herr Irlinger, mei Geldbörs, aa naa?
Am Bodn habnses gfundn? Ja gibt'sn des aa?
Dann sag i halt Dankscheen. Da siegt ma's halt glei,
's gibt ehrliche Menschn doch no allerwei!«
I woaß gar net, was de andern bloß habn,
de wo so an Schmarrn übern Irlinger sagn.
I findn in Ordnung, ma siegt's eahm doch o:
a netter, a freundlicher, kreuzbraver Mo!!!

Was oaner is . . .

Wennst wissen möchst, wer jemand is,
dann sagt dir des bestimmt ganz gwiß
net irgend a Nummer oder a Zahl,
as Bankkonto, sei Kapital,
aa der Computer kann's net sagn,
da muaßt scho nach was anderm fragn:
Wann traurig er is und wann er gern lacht
und was er an am grauen Regentag macht;
was er wünscht, wenn er nachts a Sternschnuppn siegt,
was er traamt, wenn er faul im Gras drinna liegt;
und ob er beim Wind de Wolkn nachschaut,
ob er se barfuaß im Baaz no geh traut.
Hat er Blumen am Fenster steh dort ganz bunt,
fuattert er d' Vögel, streichelt gern er an Hund?
An was denkt er kurz vorm Einschlafn no,
was hört er am liabsten im Radio o?
Singt er Liader dahoam in der Badwanna drin,
hat er no was anders als Zahlen im Sinn?
Was hat er für Freund, kann ma Pferd mit eahm stehln,
kann er Kindern lustige Gschichtn verzähln?
Was wirkli wer is, was wirkli wer war,
des werd freilich erst am End offenbar,
wenn's ans Pfüa-Gott-Sagn irgendwann geht,
denn vui, des ma sehn sollt, des siegt ma halt net,
wenn's rum um uns is in direkter Näh.
Ma siegt's leider öfter erst später beim Geh.

A Freund

Jemand, der da is, wenn man grad braucht,
mit dem ma redn kann, wenn's oan recht schlaucht,
der Zeit für di hat, wenn's grad is, jederzeit
und der zu dir steht in Freud und in Leid,
der gern mit dir froh is, der gern mit dir lacht,
der aa a jede Gaudi mitmacht
und wenn dann amal ringsum alls zsammfallt,
net auslaßt und jetz erst recht zu dir halt,
jemand, der wo, wia's aa lauft, wia's aa steht,
durch dick und durch dünn für di oiwei geht,
a Mensch, auf den ma totsicher baut,
vor dem ma aa denka derf sogar laut
– wannst so jemand kennst, paß auf auf den schwaar,
denn des is a Freund, und a Freund, der is rar.
An Freund kannst net kaufa für no so vui Geld,
an Freund, den muaßt suacha wia sonst nix auf der Welt.

Überleg's dir . . .

Bist oft aa dem andern gar nimmer guat
und hast auf eahm sogar a größere Wuat,
überleg's dir, bevor daßd 'n gar nimmer magst,
überleg's dir, bevor daßd was Dumms zu eahm sagst.
Sieg den andern doch dann net bloß nachm Heut,
sieg aa no des Früahra, denk zruck an de Zeit.
Geh in deim Urteil am bestn nach dem,
wo er dir amal am liabstn is gwen.

I brauch di

So wiara Auterl sei Benzin
und der Kranke sei Medizin,
so wia a Fliagn braucht ihre Flügel
und sei Stacheln braucht der Igel,
so wia vier Wänd braucht jede Stubn
und de Zahnpasta a Tubn,
so wia jeds Schifferl braucht an See
und der Skifahrer an Schnee,
so wia a Dracha braucht an Wind
und a Spuizeug braucht as Kind,
so wia der Fuaßballclub an Ball
und a Pferdl braucht sein Stall,
genauso, glaub ma's, brauch i di,
weil ohne di i gar nix bi.
Des wollt i eigentlich scho lang
dir endli oamal wieder sagn.
I sag dir Dankscheen dafür heut,
daß du für mi hast oiwei Zeit,
und a Vergelts Gott aa dafür,
daß i dann komma derf zu dir,
wenn mir was schwer am Herzen liegt.
I find's so pfundig, daß' di gibt.
So wia a Liad durch d' Melodie,
bin i durch di erst richtig i.
Komm, halt ma weiter zsamm mia zwoa.
I brauch di, laß mi net alloa.

Sei duat's was

Es geht nirgends so zua wia im Lebn . . .

Wo i bin is nix. Und überall kann i net sei.

Wenig wißn vui, vui wißn wenig,
aber de meistn wißn alles besser.

Nix Gwiß woaß ma net

An recht an arma Häuslmo,
dem is sei oanzige Kuah davo.
Der Nachbar kimmt und jammert glei:
»A solches Pech, oh mei oh mei!«
»Wart nur«, moant der, »ma woaß nia gwiß,
ob was a Pech aa wirkli is.«
Nach a paar Tag kommt auf amal
de Kuah von selber zruck in' Stall.
»Mei«, moant der Nachbar«, so a Glück,
jetzt hast dei Kuah ja wieder zrück!«
»Wart«, moant der ander, »'s is nia gwiß,
ob des a Glück a wirkli is.«
Und wia vom Häuslmo sei Bua
versuacht hat z' reitn auf der Kuah,
da is er runtergfalln schnurstracks
und hat se brocha glatt an Hax.
»Oh mei«, hört ma an Nachbarn da,
»a solchers Pech, ja gibt's des aa!«
»Woher«, moant der, »woher woaßt denn,
daß des aa gwiß a Pech is gwen?«
Koa Mensch woaß nämli wirkli gwiß,
ob was a Pech aa sicher is.
A Kriag is brocha aus im Land
und alle Buam habn mitanand
in Kriag naus müaßn aa glei scho;
bloß den Sohn vom Häuslmo,
weil er mitm Gips im Bett is glegn,
hat ma net eizogn jetzt deswegn.
Der Nachbar kimmt und moant . . . Ja no,
ihr könnts' euch denka langsam scho,
wia jetzt de Gschicht dann weitergeht . . .
Gwiß is bloß: Nix Gwiß woaß ma net.

Der neue Kalender

Heut siegst scho beim Oktoberfest
Schokladniklaus in jedm Gschäft.
Und um Allerseelen scho
bietns Christbaumkugeln o.
Am Heiligen Abend, der »Stillen Nacht«,
oft a Neujahrsraketn kracht.
Dann um Sylvester umanand,
liegt in der Auslag 's Faschingsgwand.
Zur Faschingszeit ißt groß und kloa
bereits de gfarbten Osteroa.
Auf Ostern findst auf jedn Fall
Schokladmaikäfer überall.
Kaum machan jetzt de Bäder auf,
fangt o der Sommerschlußverkauf.
Und im August trinkt ma dafür
an frischn Schluck vom Wiesnbier . . .
Hat früher 's Jahr de Jahreszeit
bestimmt, so duat's wer andrer heut:
Ob's Frühjahr, Sommer, Herbst is, Winter,
des sagt Erwachsenen und Kinder
jetzt lang scho nimmer der Kalender,
sondern Supermarkt und Einkaufscenter.

Der repressionsfreie Nikolaus
(nach einer Idee von H. Seitz)

Was an Nikolaus angeht, liabe Leut,
da glaub i, is' endlich amal an der Zeit,
daß i a ernsts Wörterl mit euch jetzat red,
weil's mit de altn Bräuch so weiter net geht.
Seids doch net so fad, seids net aso stur,
sonst ändert se nia unser Gsellschaftsstruktur!

Nikolaus, wenn i den Nama scho hör,
der klingt net wenig nach autoritär.
Heut mit de repressionslosn Kinderladn,
da kann i 'n Eltern und Erziehern grad ratn:
Der Nikolausbrauch, wenn er scho abgschafft net wird,
ghört zum mindesten richtig umstrukturiert.
So müaßt ma zum Beispiel de Kinder erst fragn,
was de überhaupts zum Nikolausbsuach sagn;
dazua daad se dann natürlich aa ghörn,
daß demokratisch abgstimmt müaßt werdn,
und d' Kinder habn dabei, wia's se versteht,
net bloß a Drittel-, sondern d' Halbparität.
Derf er wirklich na kemma laut Kinderentscheid,
na muaß er scho anders ausschaugn wia heut.
Mit Sack oder Ruatn, da geht fei nix mehr,
des schaugat vui zvui nach repressiv her.
Aa sei Bischofsmützn, des wißts es ja wohl,
de kannt als hierarchisches Statussymbol
de arma Kloana irritiern
und in ihrem klaßnlosn Denken verwirrn.

Sei Mantel, der lange, kannt beibhaltn werdn,
denn sowas sans gwohnt, »Maxi« ist ja modern.
Und der Bart, der werd weiterhin onepappt,
weil der Marx und der Lenin ja aa oan habn ghabt.
Oans laßt se besonders nimmer vertretn:
des fromme Laider-Singa und Betn.
Heut hat ma koa goldernes Büachl mehr,
heut nimmt ma de Bibl vom Mao glei her,
aus der ma a Gsatzl draus rauszitiert
und mit de Kloana durchdiskutiert.
Nikoläus, de was auf se haltn,
baun aa sonst sinnvoll Bruckn zwischn Neuem und Altn:
Sie habn statt am Engerl an Engels dabei
und schenkan de Buam Karl Marx statt Karl May.
A bisserl werdn zwar de Kinder scho fluacha,
weils im Marx umsonst Indianer drin suacha.

Jetzt hoff i, daß es beherzigts mein Rat
und der bürgerliche Nikolaus ausdeant dann hat.
Wennts des alls so machts, wia se se ghört,
derfts glaubn, daß der Abend vui lustiger werd.
Und 's Kind, des bieselt dann kaum mehr in d' Hosn
beziehungsweise, modern gsagt, kriagt Angstneurosn.
Doch dafür freilich möglicherweis
kriagns jetzat nacha de Nikoläus.

Modernes Rechnen

In unsrer Schui, des muaß ma sagn,
da gengas mit der Zeit,
und weils zur Zeit a Geld grad habn,
drum findst dort, was ma heut
von a modernen Schui erwart
und was ma halt alls hat:
Recorder, Tonband, Dias, Fuim
und Fernsehapparat.
Jetzt neuli hat der Rektor gar
de Gmeinde überredt,
daß heutzutag a gscheite Schui
Rechenmaschinen hätt –
elektrische versteht se, klar,
so wia se des halt ghört,
damit as Kopfrechnen scho früah
derspart de Kinder werd.
Und wirkli hab i jetzt erlebt
wia mit de Apparat
de Lehrerin, modern wias is,
damit scho grechnet hat.
Wiari as letztmal einikomm
in Rechenunterricht,
da hör i nämlich, wias doch glatt
zu ihre Kinder spricht:
»Wenn i zehn Taschenrechner hab
und siebne weg dua dann,
wer kann mir jetzt als erster sagn,
wiavui no übrig san?«

Hausaufgaben

»Wenn nur de Pädagogn endli
a Eisehn hättn mit unsere gestreßtn Kinder!«
hat der Vater gsagt.
»Daß' nimmer so weitergeht,
merkt ja ein Blinder.«
»Schafft ses endli ab, d' Hausaufgabn«,
hat er gsagt,
»damit de Kinder mehr Zeit für si habn.
A freier Nachmittag«, hat er gsagt,
»der waar richtig
und für unsere Kinder
fast lebenswichtig.
Da kanntn de Kinder
in der freien Zeit nacha
an Kurs in Schnellesn, Steno, Englisch
und vui mehra no macha.«

Chancenungleichheit

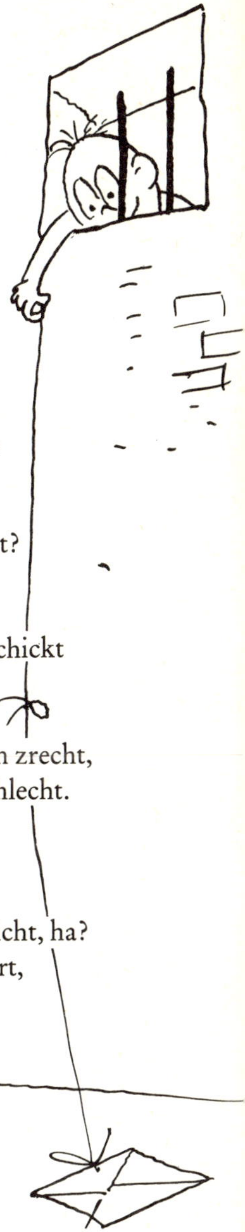

Der Anderl sitzt scho seit a Wocha a drei
im Gfängnis drin wieder zwengs Landstreicherei.
»Herr Wärter«, so hat er ganz schüchtern ogfragt,
»hat se bei mir no net a Bsuach mal ogsagt?
A Bischof, a Dichter oder a Präsident,
oaner von de ganz Obern, den jeder Mensch kennt?
I hab neulich ghört, de ganz hohen Herrn,
de gangatn oft in a Gfängnis jetzt gern.
Habns ma gschriebn a netts Briaferl, habns ma gschickt a Paket,
wo ›an den verehrten Herrn Anderl‹ drobn steht?
»Ja, Anderl, bist narrisch?« weist der Wärter eahm zrecht,
»für solchene Bsuach bist du zgring doch und zschlecht.
Moanst eppa, bloß weilst Andreas du hoaßt,
daß desweng aa scho d' Prominenz zuaweroast?
Mit deim kloana Delikt, dem windign da,
denkst, du hättst scho Verdienste ums Volk vielleicht, ha?
Leg zerst a paar Bombn, bring oa um, wia ses ghört,
dann werst gwiß aa du respektiert und geehrt.«

Autoplakettn

Warn früahra auf de Auterl drobn
Plakettn bloß aus Wien und Rom,
Paris und Belgrad, Rimini,
aus London, Zürich, Helsinki,
de wo ma ausm Urlaub grad
zum Andenkn se mitbracht hat,
war vielleicht hin und wieder no
a Fuaßballwimpe hintn dro,
so dominiert als Autoschmuck
heut hauptsächlich der »Bayernlook«.
Zuerst hat ma bloß a Freistaat-Wappen
oft gseng am Auto drobma pappn.
Des hat ma durchaus imponiert,
des hätt i aa net kritisiert,
doch jetzat siegt ma leider was,
des macht mir gar koan bsondern Gspaß:
Ma demonstriert de Fremdn gern,
ma kannt bei uns in Bayern hörn
bloß Sprüch als wia »kreuzkruzifix«,
»mi leckst«, und sonst hörst bei uns nix.
Wenn ma dem Zeug am Auterl glaubt,
is' so, daß 's Gscherte grad was taugt.
Sehr »witzig« is aa, daß »auf d' Nacht
de Preußn heut no ab werdn gschlacht«.
Und »ganz guat« gfallt ma aber aa
der fette Bayer, welcher na
mit seim rot oglaufanan Gsicht
de narrisch »lustigen« Worte spricht,

daß er a Bayer, hast mi, is!
. . . Mit sowas mach'ma Eindruck gwiß.
Jetzt sagts, glaubts ihr im Ernst allsam,
daß ma des wirkli nötig habn?
's letztmal, da hab i oam, der grad
aa so sein Wagn vollpappt hat,
gfragt: »Sagns ma, muaß des sei,
daß mia in Bayern allerwei
uns gebn ganz gschert und krachert nur
und daß ma uns als Witzfigur
de andern bloß no präsentiern?«
Da deut' se der glei hi ans Hirn
und sagt zu mir: »In Bayern hier,
ist det so Brauch, so leben wir.
Drum, oller Freund und lieber Jast,
wenn's Ihnen hier bei uns nicht paßt,
sind Sie so jut und jehn sofort
aus unserm schönen Bayern fort!«

Seufzer

»Mit mir«, hat er gjammert, »is' halt a Kreuz;
denn wo i grad bin, da is' halt nix Gscheits.
Und überall, sagt er, überall mei,
ja überall konn i wirkli net sei.
Wenn i ehrlich sei soll, woaß i scho seit ganz fruah,
's geht nirgends aso wia auf dera Welt zua:
Seit meiner Geburt«, hat er gsagt, »is oiwei
mir 's Pech von aller Anfang o treu.
Vater und Muatter hab i koan«, hat er gsagt,
»weil mi mei Tante als Lediger ghabt.«

Verwandlung

Oft möchst den ganzn Krempe hiwerfa
und hast bloß oan Wunsch: wieder du sei derfa,
net bloß se abhetzn müaßn de ganze Zeit,
sondern nur des doa, des wo oam grad gfreut.
Sei Alltagsgwand wiaran oidn Schaaber ablegn
und vor de andern koa Schau mehr gebn.
Net freundli und höfli sei, wenn ma net mag,
sondern grantln derfa, von mir aus oan Tag.
Sentimental sei, woana und lacha
und aa de damischstn Sacha mitmacha.
Net modern, net fortschrittlich, clever sei,
net aufgeklärt, bildungsbeflißn oiwei.
Grad des, was ma laut Statistik net duat,
grad des, des daad ma öfter so guat.

Vom Frieden

Schee waar's scho, wenn'sn überall gebat
und wenn i's wirklich amal no derlebat,
daß net alle bloß nur davo redn,
selbn aber nia koan Friedn net gebn,
daß' bloß fürn Friedn recht laut protestiern
mit Prügel und Stoana dafür demonstriern,
daß d' Kapitalistn und d' Kommunistn
alle mitnander fürn Friedn wettrüsten,
daß' Panzer bloß baun und Atome nur spaltn,
alloa grad damits an Friedn derhalten
und daß' dann am End doch wieder moana,
der Friedn muaß gmacht werdn mit am Kriag, mit am kloana
– es darf aber ruhig aa a größerer sei,
denn der Zweck, der heiligt die Mittel oiwei.
Wenns d' Häuser ozündn, alls kurz und kloa schlagn,
sie machans ja nur – wias dann allerwei sagn –
damits uns endlich an Friedn beschern,
damit's auf der Welt soll friedlicher werdn.
Was is scho dabei, wenns dann aufanand schiaßn
und wenn nebnbei halt grad de droglaubn müaßn,
de wo dafür net as gringste wohl könna:
kloane Kinder und Müatter, oide Weiberl und Männer.
Da werst fei schee langsam, wennst ehrlich jetzt bist,
schaugst nei bloß in d' Zeitung, a Mordspessimist,
der glaubt, daß d' Menschheit erst Friedn gebn daat,
wenns im Kampf um an Friedn selbn ausgrott se hat.

De Zeit vergeht . . .

Wer nia Zeit hat, geht schlecht mit ihr um.

Jede Zeit is so vui wert, wia ma aus ihr macht.

Dem oan vergeht d' Zeit gschwind, dem andern langsam,
aber ihr selber pressiert's gar net.

Es is halt nix wia früahra nimmer –
sogar as Weihwasser werd oiwei dünner.

Wandel

Der Bach, in denst de Füaß grad hängst,
is immer derselbe und doch aa scho längst
a andrer, als er war, seit er is,
weil des, des was is, nia steht, sondern fließt.

Aa de Sonna, de an jedn Morgn aufgeht,
und der Mond, der nachts am Himmel drobn steht
mit de Stern, de ganz Muichstraß sogar
san a jedsmal anders, als wia's grad no war.

Und i selber bin i, seit i bin, oiwei noch
und trotzdem jedn Tag a anderer doch:
a Wanderer zwischen am Gestern und Heut,
a Wanderer drin im Wandel der Zeit,
a Spur, de der Wind kurz im Sand eineschreibt . . .
Sollt's denn wirklich nix gebn, des wo bleibt?

Früahra

Wenn i früahra als Bua hoamganga bin,
warn de Taschn ganz voll mit irgndwas drin,
voll von dem, des i unterwegs hab alls gfundn,
an glanzerndn Glasscherbn, an Stoa an recht buntn.
So vui hab i gseing an oam oanzign Tag,
des wo ma hat gfalln, was i aufgsammelt hab.
So vui hab am Weg i früahra entdeckt,
so vui hat mi gfreut, so vui hat ma gschmeckt.
... Jetzt san meine Taschn meistns recht leer:
und i fürcht fast, i sieg vui Scheens gar net mehr.

Erinnerungen

I sieg mi nomal auf dem kloana Balkon
der Mietskasern grad gegenüber.
Von drinna raus scheppert as Grammophon
und spuit »Es geht alles vorüber«.
I hab a Schauferl in meiner Hand,
an Löffe, an ausrangierten,
und füll in a Küberl a bisserl an Sand.
In meim Schürzerl, dem blaurot karierten,

kimm i mir nomal so wichtig vor,
als bauat i Mordstrümmer Häuser.
Auf meim Balkon, da bin i der Moar,
da bin i der König und Kaiser.
I blas nomal Seifnblasn mitm Mund.
Schau hi nur, wias glitzert de oane!
Da platzts . . . und mit ihr des Buidl so bunt
und mei riesige Welt, mei so kloane.

Woaßt as no . . .

Woaßt as no, sag, wia ma damals zu viert
als Buam auf Athleten habn hitrainiert?
Kannst di erinnern an unser Programm,
des wo ma seinerzeit aufgstellt uns habn,
damit ma's zu was Gscheitn daadn bringa,
als Kuglstösser, Boxer und Ringer?
Woaßt as no, wia ma glei nach der Schui
an uns »garbat« habn, ganz fest mit dem Gfui,
daß unsere Muskln unbandig wachsn,
daß mia Arm kriagn, an Brustkorb und Haxn,
wo de andern scho beim Hischaugn daschrecka,
davorenna und se vor uns glei verstecka?
Woaßt as no: Strick san'ma gsprunga,
im Dauerlauf grennt zur Stärkung der Lunga.
An der Teppichstanga habn'ma Klimmzüg gmacht,
du hast as, glaub i, auf dreizehne bracht.
Am Glander vorm Waschhaus habn'ma 's Turnen probiert
und drauß am Hydrant an Pferdsprung trainiert.
Hoch san'ma ghecht' und weit san'ma ghupft,
habn mit Ziaglstoa gstoßn und a Eisntrumm glupft,
habn uns beim Liegestützn und Kniabeugn gschundn
und um an Oberarm an Bindfadn bundn,
und is er dann platzt beim Musklospanna,
na habn'ma uns gfreit wia richtige Manna,
habn uns scho drobn am Podesterl steh seing
mit Lorbeerkranzln beim Medaillenverleihn.
Am weitesten hat's no der Biwi dann bracht,
der hat beim Boxn Bezirksmoaster gmacht.

. . . Woaßt as no, wia ma als Buama . . . und jetzt?
Jetzt habn'ma scho längst a Wamperl ogsetzt.
Und wenn i mi richtig im Spiagl oschau,
dann sieg i selber nur vui zu genau,
daß von dem ganzn Sport, den i triebn,
halt leider recht wenig übrig is bliebn.
Koane goldern Medaillen, wia i glaubt hab amal,
koana Siegerplaketten und Suiberpokal.
Aber oans is mir bliebn, oans hab i doch gwunna,
an Schrank bis nauf voll mit Erinnerunga
von unsere pfundign Buamatag,
wo Athleten mir gwen san – woaßt as no, sag?

Unser Zeit

Grad wiara Vasn is de Zeit.
A jeder hat de Möglichkeit,
daß er sie fuit mit Distln aus
oder aa mit an Blumenstrauß.

Is des . . .

Is des scho wirkli wieder a Woch?
I moan, es war doch jetzat grad noch . . .
. . . der Herbsttag, der scheene, is grad doch erst gwesn.
I bin doch no grad in der Herbstsonne gseßn
und jetzt nieselt's und nasselt's bloß noch.
Is des scho wirkli wieder a Woch?

Is des scho wirkli wieder a Jahr,
daß i mit dir so glücklich no war?
Mir san doch mitnand grad no glegn unterm Baum.
I kann's gar net faßn, i kann's gar net glaubn,
wia schnell daß vergeht, was grad jetzt erst war.
Is des scho wirklich wieder a Jahr?

Is des scho wieder fast 's halbete Lebn,
daß i der Bua auf dem Buidl bin gwen?
I sieg mi grad no beim Flaucher drunt spuin,
beim Elfer aufs Tor vom Schmid Waggi zuin.
Des war doch erst gestern, des war doch grad ebn.
Is des scho wirkli fast 's halbete Lebn?

War des jetzt wirkli jetzat am End
des alls scho, des wo ma Lebn so nennt,
a bisserl Glück und a bisserl a Freud,
a bisserl a Kummer, a bisserl a Leid,
a bisserl a Nehma, a bisserl a Gebn –
war des scho wirkli am End 's ganze Lebn?

Vom Net-Derwarten-Könna

Der Huaber Klaus liegt wach in seim Bett
jetzt fast scho a Stund und ko schlafa halt net,
so aufgregt is heut scho der Bua.
Morgn hat er Geburtstag, morgn in der Fruah,
wo eahm der Vater versprocha doch hat,
daß er morgn was ganz was Bsonders kriagn daad.
»Ja wenn's no scho morgn waar!« denkt er se no,
da hat se was grüahrt in seim Zimmer drin wo!
Er reibt se de Augn: Ja gibts denn des aa,
da steht an seim Bettrand a Zwergerl glatt da.
»Du möchst«, hat des gmoant, »daß d' Zeit schnell vergeht,
i schenk dir an Ring, und wenn ma den dreht,
geht Zeit, bist schaugst, im Flug dir vorbei,
und du bist schnell dort, wost dir wünschst aa scho glei!«
Des sell hat er gsagt und scho war er weg.
Der Klaus schaugt a Zeitlang no hi auf den Fleck.
Aber gibt's des, da drübn genau an dem Ort,
wo des Zwergerl is gstandn, liegt a Ringerl jetzt dort.
Der Klaus steckt's o und draht a weng rum.
»I wollt«, sagt dabei er, »de Zeit waar scho um!«
Und scho is Geburtstag, da steht aa sei Rad,
des wo er se doch so narrisch gwünscht oiwei hat.
Doch er muaß ja in d' Schui und mitm Radln is nix.
»Waar nur d' Schui scho vorbei ...!« Doch er woaß ja an
Tricks.

Er draht an seim Ringerl, und bis er se bsinnt,
is sei Schuizeit vorbei und sei Lehrzeit beginnt.
Da muaß er se plagn von fruah bis ganz spaat,
und drum hat er aa glei an seim Ring wieder draht,
er wünscht se ganz fest, daß sei Lehr waar vorbei,
und wiaras scho gwohnt is, is er fertig aa glei.
Und wieder wünscht er, daß d' Zeit schnell verrinnt
bis hi zu der Hochzeit, bis hi zu am Kind.
Er wünscht se und draht, und d' Zeit de verfliagt,
und bis er recht schaugt, hat er graue Haar kriagt,
is alt worn und müad und am End aa fast scho.
Da merkt er dann endli, wiara 's Lebn hat verdo,
was as Freun und as Wartn auf a bsondere Zeit,
was as »Vor« und »Dazwischen« fürs Lebn bedeut'.
Ohne des is as Lebn vorbei wiara Blitz
is a winziges Bisserl, mehra wia nix.
Und er draht an seim Ring und wünscht se dabei,
daß' nomal aso wia damals daad sei.
»Wia gern daad i wartn«, so hat er se gschworn,
»hätt i nur mei Zeit net so einfach verlorn!«
Und er schlagt seine Augn auf und liegt in seim Bett,
schaugt hi auf sei Hand, hat koan Ring mehr dort net.
Und d' Sonna hat reigschaut und der Klaus hat se gfreut,
daß er d' Zeit net verlorn hat, daß eahm bliebn is sei Zeit.

Traum

Er draht se nomal langsam um
und schaugt no oamal zrück,
blattlt nomal im Album rum,
im Album von seim Glück,
des kurz und doch so schee gwen is
als wiara Urlaubstag,
den ma sei Lebtag net vergißt,
was ma erlebn aa mag.

Er geht nomal in der Allee
mit Ihra ganz alloa,
fahrt nomal naus mit Ihr am See
und sammelt Kieslstoa,
ganz bunte, und setzts mit Ihr zsamm
zum kloana Mosaik,
des se se damals ausdenkt habn:
a Mosaik voll Glück.

Siegts nomal grad so bunt de Zeit
mit Ihra liegn vor si,
grad fast no heut und doch so weit,
unwirkli irgendwie.
Sie glanzert wiara Christbaumschmuck,
wenn d' Kerzn brennt am Baum.
. . . Da gibt er se an kloana Ruck
und weckt se aus seim Traum.

D' Zeit

Wer woaß, woher de Zeit herkommt,
obs auf am Stern wo droma wohnt,
obs kommt vom Himme aus der Höh
und fallt so staad als wia der Schnee?
Obs wiara Apfe wachst am Baum,
obs aus der Nacht kommt wiara Traum?
Kriagn ma se gschenkt von irgendwem
und muaß ma sie dann zruck mal gebn?
Wer woaß, wohins dann wieder geht,
weil sie doch niamals ruaht und steht
und weil halt alls vergehen muß.
Fliaßts in a Meer nei wiara Fluß
oder a Bacherl nei in See,
zerlaufts wia auf der Hand der Schnee?
Verwahts im Wind so wiara Rauch
oder verfliagts als wiara Hauch?
Gehts mit uns in de Erdn dann,
wenn mir mal sterbn irgendwann?
Mia wißn bloß, d' Zeit is a Feil,
de feilt an allem alleweil.
Sie feilt und feilt, feilt alle Zeit,
bis in der großn Ewigkeit
aufganga is, was is und war,
am End sie selber dann sogar.

Zeit – Gebet

So wiara Verwalter, so hab i mei Zeit,
mei Gestern, mei Morgn, mei Jetzt und mei Heut,
von dir amal zum Darlehen kriagt,
de Zeit, de nia steht, de oiwei verfliagt.
Vui Zeit is vorbei, is verganga, is rum,
und deswegn, da frag i jetzt halt mi drum,
ob i de Zeit hab allerweil gnutzt
und ob i's net einfach hab sinnlos verputzt.
I bitt di, komm huif, daß de Zeit, de no kimmt,
net einfach bloß recht nutzlos verrint!
Gib mir Gspür für mei Zeit, a guats Aug, a guats Ghör,
daß i spann, daß i merk, wenn mi braucht irgendwer!
Gib, daß i de Zeit erkenn als a Land,
das i pflügn erst muaß mit eigener Hand!
Gib Zeit mir für mi und andere Leut
und gib dene aa für mi a weng Zeit!
Gib mir Zeit, daß i des, was i falschgmacht hab scho,
wieder guatmachen derf, wieder eirenkn ko!
Gib mir Zeit für das Scheene, und as richtige Gfui!
Gib mir Zeit für mei Lebn, sei Erfüllung, sei Zui,
und gib mir a Zeichn, bittscheen laß mi verstehn,
wenn's Zeit is amal zum Pfüa-Gott-Sagn und Gehn.

Leben und Sterben, Hoffnung und Trost

Alt werdn möcht a jeder. Alt sein koaner.

Ma gwöhnt se an alles. Sogar ans Sterbn.

Lang is no lang net ewig.

Und wenn's no so lang regnet,
amal geht an Himme doch 's Wasser aus.

Mei Baum

(nach einem Lied der Alexandra)

War nix no grün sonst weit und breit,
er hat als erster d' Fruahjahrszeit
uns ozoagt und vom neuen Lebn
mit seine Blattl Kund uns gebn.
Hab braucht bloß ausm Fenster schaun,
na hab i'n gseing mein Freund, an Baum.
Beim Fangsterl, beim Versteckstertlspui,
dort habn'ma ogschlagn, er war 's Zui.
Hab zerst auf eahm mi kraxln traut,
auf eahm drobn unser Lager baut.
De Vögl habn in seine Äst
drin gsunga und habn baut ihr Nest.
Hat d' Sonna mal recht runterbrennt,
er hat uns kühlen Schatten gspendt.
Und später war er abnds der Ort
an dem mir habn uns troffn dort.
. . . Heut warn oa da mit ara Säg.
Sei Platz is leer, mei Freund is weg.
Mein Gott, i kann's no gar net glaubn.
Er lebt net mehr mei Freund, der Baum.
. . . Vielleicht, daß ma an neuen dann
an seiner Stell pflanzt irgendwann.
Bestimmt werd der aa Schattn gebn,
werdn Vögl in seim Laub drin lebn.
Und trotzdem bleibt für mi was leer.
Mei Freund der Baum, der lebt net mehr.

Wiara Bergbach . . .

So wiara Bergbach, grad aso
schaugt unser Lebenslauf se o:
Am Anfang, wenn sei Lauf beginnt
und wenn er no als Bacherl rinnt,
da geht's ganz langsam und ganz staad.
Ma merkt, daß er vui Zeit no hat.
Von Hetzerei steht no nix drin,
er plätschert gmüatli no dahin.
Dann ganz allmählich mit der Zeit,
da werd des Bacherl groß und breit.
Es wachst und wachst und werd zum Bach.
Und jetzt pressiert's dann nach und nach
beim Größerwerdn scho ganz schwer,
koa Zeit zum Plätschern bleibt da mehr.
Er fliaßt und rauscht, und auf amal
is unser Bach a Wasserfall.
Doch 's Schnellerlaufa – 's is bekannt –
geht mitm Bergab-Geh Hand in Hand.
Er stürzt dahin de letzte Streck
und, bist recht schaugst, is er scho weg,
is eiganga in' Strom der Zeit
und mündt ins Meer der Ewigkeit.

Wiara Flockn Schnee . . .

Wiara Flockn Schnee,
de fallt in der Nacht
von irgendwo her
ausm Dunkln ganz sacht,

Wiara Flockn Schnee,
de geschniebn werd, de's schneibt,
de des, was sie is,
nur für kurze Zeit bleibt,

Wiara Flockn Schnee,
de net woaß, wia lang s' bsteht,
de ihr Zeit net kennt,
wanns zlauft und wanns zgeht,

Bin irgendwann komma,
muaß irgendwann geh.
Bin nix wiara Flockn,
a Flockn von Schnee.

Alls hat a End . . .

Des alls, was gibt, des was ma kennt,
des hat, wennst hischaugst, mal a End.
A Maibaum und der Fernsehturm,
a Riesnschlanga, a Regnwurm,
a Rundfunksendung, a Karl May,
alls hat a End und geht vorbei.
Der Fasching und a Fuaßballspui,
de Ferien und aa de Schui,
der Sonntag und der Januar,
der Frühling, Sommer, 's ganze Jahr,
a Wolknbruch, Sturm, Hagel, Schnee,
a Grippe und a Ohrenweh;
Wuat, Ärger, Traurigkeit und Streit,
as Glück, as Lachen und de Freud,
a Schweinsbratn, Weißwürst, a Spinat,
a Steckerleis, a Nußschoklad;
a Christbaumkerzn, de verbrennt,
– alls des, des hat amal a End.
A Reicher und a Bettlmo,
jeds hat a End, jeds kommt mal dro.
Und mag was no so riesig sei,
alls hat a End, alls geht vorbei.
As End, des is in allem scho
a bisserl drin von Anfang o.
Gspannt waar i, ob am End as End
dann selber aa a End mal kennt
und ob as End vom End net gar
am End a neuer Anfang waar.

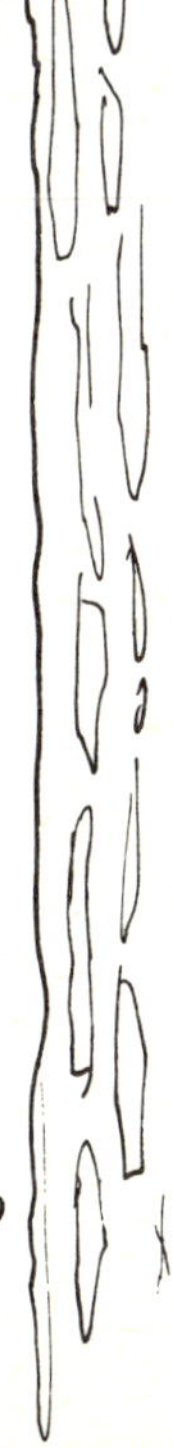

Ansprache einer Raupe

»Glaubn«, hat a Raupn gsagt,
»dua i bloß, was ma siegt,
weil's was anders«, hats gsagt,
»halt niamals net gibt.
Und deswegn«, hats gsagt, »infolgedessen
is wirklich bloß des, wast' zähln kannst und messn.«
»Bloß des«, hats gsagt, »was de Wissenschaft sagt,
des is für mi richtig, des is für mi gfragt.
Und deswegn«, hats gsagt, »muaß i glei lacha,
wenn wer uns Raupn wui weis oiwei macha,
mir weradn net als Raupn bloß sterbn,
sondern daadn amal zu Schmetterling werdn.
Den Unsinn, des Geschwätz, de Märchen, den Schmarrn,
den sollten mir aufklärten Raupn uns sparn.
Wo d' Wissenschaftler ganz deutlich uns sagn,
daß mir in uns drin koane Flügel net habn.
Wo kaamatn denn, des frag i mi grad,
de Flügel dann her, de a Schmetterling hat?
Ma geht ei, und vorbei is as Lebn von uns Raupn,
koa Weiterlebn gibt's«, hats gsagt, »derfts ma's glaubn!«

Alte Fabel

In Landshut hat vor Jahren schon
a Kaufmann glebt mit seinem Sohn.
Oamal war Jahrmarkt in dem Ort,
da hat der Sohn im Gwurrl dort
an Boanlkramer selbn entdeckt,
und plötzlich siegt er richtig gschreckt,
wia der eahm oschaugt ganz ganz lang
und stumm an Kopf hat gschüttelt dann.
Wia er des siegt, da rennt er schnell
hoam zu seim Vater auf der Stell
und bettelt: »Gib mir 's beste Roß,
damit reit i nach München los.
I bin am Tod begegnet grad
und fürcht mi, daß er holn mi daad,
wenn er mi da jetzt findat wo.
Drum reit i eahm ganz gschwind davo.«
Der gibt eahm 's schnellste Pferdl glei,
und er reit' glei nach München nei.
Der Vater aber geht sofort
und siegt jetzt selbn am Marktplatz dort
an Boanlkramer wirkli steh.
Er fragtn glei: »I bitt recht schee,
Gevatter Tod, i hab a Frag,
entschuldigst scho, doch sag ma, sag,
warum hast du zuvor denn ebn,
so wia mei Sohn mir z'wissen gebn,
grad g'wackelt mitm Kopf lang und stumm,
wiast gsehn mein Sohn hast, sag, warum?«
»Weil«, moant der, »weil's mi gwundert hat,
daß i ihn treff in Landshut grad,
wo mir als Auftrag doch befohln,
i solltat ihn in München holn.«

Hoffnung

Is des net pfundig, daß jeds Jahr
des, was im Winter abgstorbn war,
im Fruahjahr wieder treibt und blüaht
und 's Alte wieder neu se rührt?

Is des net pfundig, ohne Gspaß,
daß auf das Lebn is Verlaß?
Is aa der Winter no so schwaar,
er ziagt an kürzern Jahr für Jahr.

Is des net pfundig, daß a Kraft
in allem wirkt und treibt und schafft
und ausm Totn über Nacht
alls wieder ganz lebendig macht?

Versuch's zu glaubn, daß jedes End
zu neuem Anfang se hinwend',
daß des, was guat is, net vergeht
und daß am End as Lebn steht!

Weihnacht

De Nacht is so staad.
Es is aso grad
wia vor zwoatausend Jahr,
so, wia's seinerzeit war.
Wia zur selbign Zeit
wartn oiwei no d' Leut,
wartn no auf des Licht,
des ins Dunkel neibricht,
des a jeds von uns bräucht,
des her zu uns leucht,
des d' Welt hell macht und warm.
Ohne Dich is' so arm,
is' so krank und so leer.
Schau, mir dean uns so schwer!
Laß Dich seing doch und hörn,
laßn leuchtn Dein Stern,
der as Heil uns verkündt:
daß Du selber als Kind,
als Mensch bist geborn,
unser Bruder bist worn,
der zu selbiger Nacht
uns de Hoffnung hat bracht,
daß zu dir jeder Weg,
jede Straß, jeder Steg
ganz gwiß amal führt,
daß se koaner verirrt,
den du nimmst bei der Hand,
daß mir alle mitnand
san aufghoben da dort.
Gell, mir habn ja dei Wort:
daß den Menschen auf Erd

Heil und Friedn gschenkt werd,
Heil und Fried'n und Lebn,
wiast uns Kunde hast gebn
in der Nacht selbigsmal
in der Krippn im Stall.

Gebet

Der Tag is vorbei, das Tagwerk vollbracht.
Mein Gott, gib uns bittscheen a friedliche Nacht.
Leg doch auf alles in Stadt und in Land
dei sanfte, helfende, schützende Hand.
Dem einsamen Menschen gib einen Freund,
der da is für ihn und der's gut mit ihm meint.
Dem Traurigen gib a bisserl a Freud
schenk ihm a liebs Wort zur richtigen Zeit.
Dem, der sich verirrt hat, zoag an Weg, zoag a Straß
und denen, die kämpfen, nimm weg ihren Haß.
De Altn, de laß, daß mas gern noch hat, spürn.
und laß' net den Mut zum Leben verliern.
Den hungernden Menschen gib Nahrung, gib Brot,
den Sterbenden Trost und Hoffnung im Tod.
Dem Arzt schenk für Kranke a Gfui und Verstand,
den Pflegern und Schwestern a gütige Hand,
den Lehrern und Eltern ein bisserl Humor.
Schenk uns füreinand a offenes Ohr
und gib uns bitte ein Lächeln grad dann,
wenn mir aufanand vielleicht bös amal san.
Bleib immer bei uns, bis ans End aller Tag,
dann kann uns nix gschehn, was kommen aa mag.

Abendgedanken

De Nacht is so eisig
und so finster is drauß.
Wia schee is um de Zeit
drinna im Haus
Wia gmüatli und hoamli
is' jetzt da herin.
I bin ja so froh,
daß geborgen i bin.

I denk an de Leut,
de draußn no san
und de in der Kältn
koan Unterschlupf habn.
Mein Gott, gib alle
dene, de friern,
a Dach übern Kopf,
laß Wärme sie spürn.

Und vergiß net de Totn
im Gottsacker drauß.
Schick ihnen a freundliches Wort
von Dir naus.
Du woaßt, es is kalt dort
und sie san so allein.
Erbarm Dich der armen,
komm, hols zu dir heim.

© 1977 ISBN 3-475-52205-5
Das Buch erscheint in der Reihe »Rosenheimer Raritäten« im Rosenheimer Verlagshaus Alfred Förg, Rosenheim. Gedruckt wurde es in der Buchdruckerei Georg Wagner, Nördlingen, und gebunden in der Verlagsbuchbinderei Hans Klotz, Augsburg. Den Umschlag und die Illustrationen gestaltete Helmuth Huth, München.